Inhalt

Contract Catering - es gibt noch viel brachliegendes Potenzial

Kernthesen

Beitrag

Fallbeispiele

Zahlen und Fakten

Weiterführende Literatur

Impressum

Contract Catering - es gibt noch viel brachliegendes Potenzial

Markus Hofstetter

Kernthesen

- Der Contract-Catering-Markt in Deutschland scheint angesichts des hohen Prozentsatzes der Unternehmen und Einrichtungen, die ihr Catering nicht auslagern wollen, festgefahren zu sein.
- In der Rangliste der Top-Contract-Caterer wuchs 2013 die Spitze langsamer als die Breite.
- Bei den Contract Caterern wies das Segment Seniorenmarkt 2013 das größte Wachstum auf.

- Das Anbieten von veganen und vegetarischen Speisen wird für Contract Caterer immer wichtiger.

Beitrag

Hoher Wettbewerbs-, Preis- und Kostendruck lässt das Wachstum der Contract Caterer schrumpfen

Die 28 größten Anbieter von Contract Catering in Deutschland standen 2013 für 2,94 Milliarden Euro Nettoumsatz. Dieser wurde mit 5 190 Verträgen und rund 58 000 Mitarbeitern erwirtschaftet. Das geht aus einem Ranking der Zeitschrift gv Praxis hervor. Das Erlöswachstum lag angesichts des hohen Wettbewerbs-, Preis- und Kostendrucks mit 35,4 Millionen Euro hinter dem Wert von 2012 mit 93,6 Millionen Euro, das Umsatzplus reduzierte sich von 3,2 auf 1,2 Prozent. Unter anderem machen die rasant steigenden Lebensmittelpreise den Unternehmen zu schaffen. Mit 4,4 Prozent ist es die höchste Teuerungsrate seit fünf Jahren.

Eine entscheidende Kennzahl der Contract Caterer ist die Höhe des Durchschnittsbons. Dieser Wert stieg 2013 bei 57,1 Prozent der Caterer, im Vorjahr waren es noch 36,4 Prozent. Gleich geblieben ist er demnach bei 42,9 Prozent. Für 2014 erwarten zwei Drittel der Befragten einen etwas besseren Bonwert, denn eine Kostenverlagerung zum Tischgast gilt angesichts gestiegener Preise als unausweichlich.

Grundsätzlich gilt, dass kein anderes EU-Land mehr Kundenpotenzial hat. Es wird geschätzt, dass in Deutschland höchstens 30 Prozent der Unternehmen die Verpflegung ausgelagert haben. In Großbritannien sind es rund 70 Prozent und in der Schweiz über 80 Prozent. Doch hierzulande scheint dieser niedrige Prozentsatz festzementiert zu sein, so dass die Stimmung im Catering-Lager eher gedämpft ist. (1), (2)

Die kleinen Contract Caterer wuchsen 2013 stärker als die großen

Im gv-Praxis-Ranking der Top-Contract-Caterer belegte 2013 die Compass Group mit einem Umsatz von 645 Millionen Platz eins. Es folgen Aramark mit 436 Millionen Euro und Sodexo mit 357,5 Millionen Euro. Damit hat sich im Vergleich zu 2012 nichts geändert. Doch es gibt auch Bewegung. Auf Rang vier steht erstmals Apetito mit Erlösen in Höhe von 214,7

Millionen Euro. Wisag hat erstmals die 100-Millionen-Hürde geschafft und der Care-Caterer Procuratio ist erstmals unter den Top Ten. Und ab Rang fünf spreizt sich das Feld auch umsatzmäßig stärker. Hier dominieren Multiservice-Anbieter wie Dussmann, Klüh, Wisag und Bilfinger, die weitere Services wie beispielsweise Reinigungsdienstleistungen anbieten. Mit Aramark, Apetito und SV gibt es nur noch drei reinrassige Caterer, die ohne den Multiservice-Ansatz auskommen.

Ein Blick in das Ranking zeigt, dass in den hinteren Regionen das Wachstum größer ist. In den Rängen eins bis zehn lagen die Mehrerlöse bei nur 17,2 Millionen Euro, im Vorjahr waren es noch 62,5 Millionen Euro. Das Wachstum belief sich auf 0,7 Prozent. Die hinteren Ränge elf bis 28 erzielten ein Plus von 18,2 Millionen Euro nach 31,1 Millionen Euro im Jahr 2012. Das Wachstum betrug 3,8 Prozent. Dennoch ist die Branchendynamik der Top Caterer beachtlich. In den letzten zehn Jahren stiegen die Umsätze von Sodexo um 120,1 Prozent, von Apetito um 114,3 Prozent, von Aramark um 51,4 Prozent und von Klüh um 47,8 Prozent. (1), (2), [Abb. 1]

Der Seniorenmarkt wächst am stärksten

Wie setzen sich die Erlöse der Top-28-Contract-Caterer zusammen? 51,5 Prozent der Umsätze oder 1,52 Milliarden Euro wurden im Segment Business, das sind Betriebsrestaurants, erlöst. Das Plus gegenüber 2012 lag bei 20,6 Millionen Euro oder 1,4 Prozent. Von den Top 28 sind 26 Betriebe mit 2 702 Verträgen in dem Geschäft tätig. Der durchschnittliche Umsatz pro Vertrag belief sich auf fast 562 000 Euro. Generell blieb der Markt auch 2013 angespannt. Kunden schreiben in immer kürzeren Abständen aus, nicht rentable Verträge werden rascher vom Dienstleiter gekündigt. Das Risiko der Auftraggeber ist dabei minimal, da es in der Regel genügend Anbieter gibt. Hauptproblem in diesem Segment bleibt die sinkende Subventionsneigung, auch die Kundeninvestitionen gehen zurück.

Im Bereich Health Care mit Krankenhäusern und Kliniken erwirtschafteten die Unternehmen 21,0 Prozent der Umsätze, dies entspricht 619,0 Millionen Euro. Damit wurde ein Plus von 6,9 Millionen Euro oder 1,1 Prozent gegenüber 2012 erzielt. Insgesamt sind hier 17 der 28 Unternehmen tätig. Bei den 592 Verträgen belief sich der durchschnittliche Umsatz auf je 1,05 Millionen Euro. Die große Herausforderung im Caremarkt ist es, Kostendruck und steigende Qualitätsansprüche in Einklang zu bringen.

Elder Care, die Verpflegung für Seniorenheime, steht für 13,2 Prozent der Erlöse oder 389,9 Millionen Euro.

Mit einem Plus von 2,6 Prozent gegenüber dem Vorjahr wies dieses Segment das höchste Wachstum aus. Aus den Top 28 sind 18 Unternehmen mit 742 Verträgen in Elder Care tätig. Der Durchschnittsumsatz pro Vertrag belief sich auf 525 472 Euro.

Educations mit Kitas und Schulen steht für 5,2 Prozent der Gesamtumsätze. Das Umsatzvolumen belief sich auf 153,1 Millionen Euro, ein Minus von 1,8 Prozent gegenüber 2012. Der Durchschnittsumsatz pro Vertrag belief sich auf 139 182 Euro. Doch für viele Essensanbieter wird die Belieferung von Schulen zunehmend unattraktiv. Selbst große Unternehmen wie Compass halten sich bei Ausschreibungen zurück. Grund ist, dass die rein preisgetriebenen Ausschreibungen sich mit einer kindgerechten, ausgewogenen Ernährung nicht in Einklang bringen lassen.

Die sonstigen Märkte machen 9,1 Prozent der Umsätze aus. Der Gesamtumsatz der Top 28 in diesem Segment belief sich auf 267,6 Millionen Euro. Davon entfallen allein 121,0 Millionen Euro auf Compass. Darin enthalten sind auch Support-Service-Umsätze der 100-prozentigen Tochter Plural. Deutschlands größter Stadion-Caterer Aramark folgt mit geschätzten 75,0 Millionen Euro. Dahinter kommt Bilfinger mit Non-Food-Umsätzen in Höhe von 27,2 Millionen Euro. (2), [Abb. 2]

Die Gemeinschaftsgastronomen wollen mehr investieren

Trotz des schwierigen Jahres 2013 sind die Gemeinschaftsgastronomen optimistisch. 58 Prozent von ihnen bewerten laut einer Umfrage der gv praxis das Investitionsklima in ihrem Betrieb als gut. Zudem planen 69 Prozent der Entscheider Investitionen in Küchentechnik und allgemeine Ausstattungen. Das ist der höchste Wert seit neun Jahren und im Vergleich zum Vorjahr ein Anstieg um 18 Prozentpunkte. Besonders investitionsfreudig zeigen sich demnach die Betriebe im Health- und Elder-Care-Markt. 71 Prozent von ihnen wollen in diesem Jahr Geld für Neuanschaffungen ausgeben, im Vergleich zum Vorjahr ein Zuwachs von 20 Prozentpunkten. Mit 78 Prozent zeigen vor allem die Entscheider in den Senioreneinrichtungen eine ausgeprägte Investitionsbereitschaft.

Knapp 43 Prozent der investitionsbereiten Anbieter im Segment Business rechnen mit Anschaffungen in Höhe von über 50 000 Euro. Im Care-Markt verfügt knapp jeder Dritte über ein solches Budget. Auf der Wunschliste ganz oben stehen sowohl bei den Betriebsverpflegern als auch den Klinik- und Heimköchen allgemeine Ausstattungen wie Geschirr und Bestecke. So plant nahezu jeder zweite

Betriebsgastronom Ausgaben in diesem Bereich - ein Plus um 29 Prozentpunkte verglichen mit dem Vorjahr. Auf Rang zwei folgen Ausstattungen zum Kochen wie thermische Geräte, Großkochanlagen und Herde.

Doch werden die geplanten Anschaffungen auch umgesetzt? Laut der gv-Studie haben im vergangenen Jahr knapp ein Drittel der Befragten ihre Investitionswünsche nicht realisiert. Dieser Wert liegt in etwa auf dem Niveau der Vorjahre. (3)

Trends

Vegetarische und vegane Menüs sind im Kommen

Zu den wesentlichen Entscheidungen der Gemeinschaftsgastronomie im Jahr 2013 zählte wieder die Ausweitung des Angebotes. Gut jeder zweite Anbieter hat sein Repertoire um neue Gerichte oder Menülinien erweitert. Allen voran lässt sich ein Trend hin zu vegetarischen und veganen Speisen feststellen, vor allem in der Campusgastronomie. So hat das Studierendenwerk Trier an allen Standorten vegane Gerichte eingeführt oder das entsprechende Angebot ausgebaut. Auch die eigens vom Deutschen

Studentenwerk entwickelte Menülinie "Mensa Vital" wurde von vielen Mensaleitern bundesweit ins Programm aufgenommen.

Doch nicht nur die Studentenwerke stellen sich auf die neuen Bedürfnisse ihrer Kunden ein. Auch die großen Contract Caterer von Betriebsverpflegung bieten vegetarische und vegane Menüs an. Gebremst wird dieser Trend lediglich durch den Beschaffungsmarkt. Es ist schwierig, attraktive vegetarische und vegane Grund- und Convenienceprodukte zu bekommen. (4)

Fallbeispiele

Aramark setzt Akzente in Nachhaltigkeit und Umweltmanagement

Aramark ist für den Deutschen Nachhaltigkeitspreis nominiert worden. Seit rund zwei Jahrzehnten setzt die Nummer zwei im deutschen Contract-Catering-Markt grüne Maßstäbe. Schon seit 2000 bevorzugt Aramark Fleisch von regionalen Erzeugern. Auch Biofleisch, das bis zu doppelt so teuer wie konventionelles Fleisch ist, gehört zum festen

Repertoire. Zudem verwendet Aramark in allen bundesweit 500 Betriebsrestaurants fair gehandelten Biopfeffer, und rund 40 Prozent der Kaffeebohnen stammen von zertifizierten Farmen. Beim Einkauf von Fisch und Meeresfrüchten wird seit 2007 - wo immer möglich - nachhaltig gefangener Marine-Stewardship-Council-(MSC)-Fisch wie Alaska-Seelachs, Scholle und Hering eingekauft. Als erster Caterer bundesweit wurde das Unternehmen sogar vor zwei Jahren von MSC zertifiziert.

Zudem hat sich Aramark 2013 nach der Umweltmanagementnorm DIN EN ISO 140001 zertifizieren lassen. Ein ausgefeiltes Waste Management vermeidet unnötige Lebensmittelabfälle. Dennoch anfallende Speisereste wandern in Biogasanlagen zur Energieerzeugung, verbrauchtes Speiseöl wird zu Biodiesel verarbeitet. (5)

Dussmann bietet vegane Menüs an

Mit der Einführung einer eigenen veganen Menülinie reagiert Dussmann Service auf die veränderten Konsumwünsche der Verbraucher. Da viele Produkte zurzeit noch nicht in Großgebinden zur Verfügung stehen, ist der Caterer gezielt auf der Suche nach neuen Lieferpartnern. (6)

Zahlen & Fakten

Abbildung 1: Die Top Drei halten sich an der Spitze

Die zehn größten Contract Caterer in Deutschland

Rang	Unternehmen	Umsatz 2013 in Mio. Euro	Veränderung zu 2012
1	Compass Group, Eschborn (1), (2)	645	-3,3%
2	Aramark Holding, Neu-Isenburg (2)	436	3,8%
3	Sodexo Services, Rüsselsheim (2), (3)	357,5	-3,1%
4	Apetito Catering, Rheine (4)	214,7	4,7%
5	Dussmann Service, Berlin (5)	210	-3,2%
6	Klüh Catering, Düsseldorf (6)	206,5	6,8%
7	SV, Langenfeld (7)	155	11,4%
8	Wisag Catering Holding, Frankfurt/Main	100,5	1,5%
9	Bilfinger Facility	80,4	1,1%

10	Services, Frankfurt/Main Procuration, Erkrath (8)	50,6	1,2%

1 abweichendes Geschäftsjahr
2 Umsatz Servicegesellschaften und Organisation: 43 Mio. Euro*
3 Umsatz Servicegesellschaften und Organisation: 71,1 Mio. Euro
4 Umsatz Servicegesellschaften und Organisation: 60,5 Mio. Euro
5 Umsatz Servicegesellschaften und Organisation: 20,0 Mio. Euro*
6 Umsatz Servicegesellschaften und Organisation: 105,6 Mio. Euro
7 Umsatz Servicegesellschaften und Organisation: nicht enthalten
8 Umsatz Servicegesellschaften und Organisation: 18,1 Mio. Euro

* Schätzwert
Entnommen aus: gv praxis, 5/2014, S. 16-36, (2)

Abbildung 2: Business steht für über die Hälfte der Umsätze

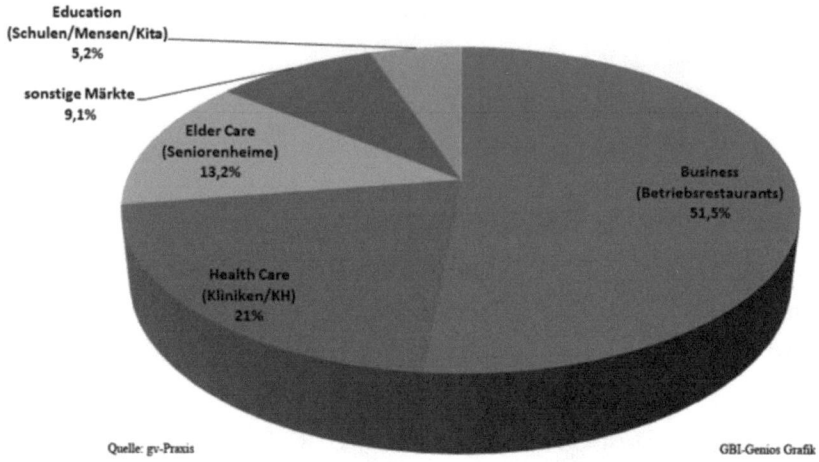

Entnommen aus: gv praxis, 5/2014, S. 16-36, (2)

Weiterführende Literatur

(1) Compass Group bleibt weiter vorn
aus Allgemeine Hotel- und Gastronomie-Zeitung 23 vom 07.06.2014 Seite 006

(2) Ungleiches Wachstum
aus gv praxis Nr. 05 vom 20.05.2014 Seite 016 bis 036

(3) Im Stimmungshoch
aus gv praxis Nr. 02 vom 29.01.2014 Seite 016 bis 018

(4) Good-Food-Welle
aus gv praxis Nr. 01 vom 03.01.2014 Seite 017 bis 019

(5) Grüner Trendsetter

aus food service 05 vom 23.05.2014 Seite 048 bis 049

(6) Auf der veganen Linie
aus gv praxis Nr. 02 vom 29.01.2014 Seite 046 bis 047

Impressum

Contract Catering - es gibt noch viel brachliegendes Potenzial

Bibliografische Information der deutschen Nationalbibliothek

Die Deutsche Nationalbibliothek verzeichnet diese Publikation in der deutschen Nationalbibliografie; detaillierte bibliografische Daten sind im Internet über http://dnb.d-nb.de abrufbar.

ISBN: 978-3-7379-5790-8

© 2015 GBI-Genios Deutsche Wirtschaftsdatenbank GmbH, Freischützstraße 96, 81927 München, www.genios.de

Alle Rechte vorbehalten. Dieses Werk ist einschließlich aller seiner Teile – z.B. Texte, Tabellen und Grafiken - urheberrechtlich geschützt. Jede Verwertung außerhalb der Grenzen des Urheberrechtsgesetzes bedarf der vorherigen Zustimmung des Verlags. Dies gilt insbesondere auch für auszugsweise Nachdrucke, fotomechanische Vervielfältigungen (Fotokopie/Mikroskopie), Übersetzungen, Auswertungen durch Datenbanken oder ähnliche Einrichtungen und die Einspeicherung und Verarbeitung in elektronischen Systemen.